Forord

Styrk din mentale sundhed er en selvhjælpsbog, der er tænkt som en hjælp til dig, der hver dag udfordres af stress, angst, depression, sygdom, smerter eller andet, og kan bruges som inspiration til dig, der arbejder med psykisk sårbare, forløb for sygdomsramte og måske savner inspiration til nye perspektiver i kunsten at styrke deres mentale sundhed. Eller bare for dig, der er nysgerrig efter at lære noget nyt omkring personlig udvikling.

Bogen er lavet i et samarbejde mellem foredragsholdere, forfattere og undervisere, der i 2021 deltog i et projekt om mental sundhed. Alle med en faglig baggrund og erfaring indenfor arbejdet med mental sundhed. De giver her hver deres bud på, hvad mental sundhed er for dem, samt gode råd, refleksioner og små øvelser til at mestre livet på godt og ondt.

Lone Rytsel

Kolofon
August 2022
Redaktør og forfatter - Lone Rytsel
Forfatterne - Marianne Christensen - Mona Hvid - Anne Birgitte Holde - Birgitte Flensholt - Marie Lenstrup - Tine Rytsel - Hanne Andersen
© 2022 Lone Rytsel
Forlag: BoD – Books on Demand, Hellerup, Danmark
Tryk: BoD – Books on Demand, Norderstedt, Tyskland
ISBN 978-87-4304-811-4

Indhold

Skriv for livet
Af Marianne Christensen

'Skriv for livet' er titlen på en workshop, jeg ofte tilbyder, hvor deltagerne skriver erindringer fra deres liv eller skriver for at komme igennem en krise eller for sjov.

Når man skriver, kan man skrive sig fri af smertelige erindringer, ubehagelige følelser og indestængte traumer. Jeg kalder det 'Skriv for livet', fordi man dels kan skrive hele livet, om hele livet og for at bevare livet.

Flere og flere har i de senere år fået lyst til at skrive, og mange vælger ovenikøbet at udgive deres erindringer, enten til den brede offentlighed, lokalt eller i en snæver kreds af familie og venner. Med nye forlagstyper, selvudgivervirksomheder og bogtrykkerier er det blevet nemmere end nogensinde, og den digitale udvikling har gjort det muligt at udgive bøger uden voldsomt store udgifter for den enkelte.

Det kan være en ufattelig stor tilfredsstillelse at se sine ord på tryk eller sirligt formet i en notesbog, måske illustreret med gamle billeder og tegninger. Der er en tendens til, at behovet for at skrive om sit liv bliver større med alderen, fx når arbejdslivet bliver ændret til en pensionisttilværelse med mere tid til refleksion over eget liv.

Hvordan kommer man i gang?

Når man begynder at skrive om sit liv, kan det være en udfordring og føles ganske uoverskueligt at komme på, hvor man skal begynde, og hyppige spørgsmål kan være:

'Jeg har jo oplevet så meget, så hvor skal jeg begynde?'

'Jeg kan ikke huske noget fra min barndom, så der er ikke meget at skrive om.'

'Hvad siger andre, hvis jeg viser dem, hvad jeg skriver om dem?'

'Jeg er ikke særligt god til at skrive, så jeg kan nok ikke få det til at hænge sammen?'

'Jeg har ikke oplevet noget særligt spændende i mit liv, det har været helt almindeligt, så hvad skal jeg skrive om.''

Osv.

Jeg har undervist voksne konkret i at skrive livsfortællinger i mere end 25 år, og som dansklærer for børn og voksne har jeg undervist i at skrive siden 1981. Jeg har endnu aldrig oplevet en, som ikke kunne komme i tanker om en konkret oplevelse at skrive om.

Når jeg underviser voksne i at skrive, går vi ikke op i retstavning og korrekt formulering af det skriftlige. Der er ingen fejlfinding og negativ kritik. Det handler i højere grad om at få nogle små historier ned på papiret. Historier har vi alle oplevet i massevis. Det gælder om at få øje på de oplevelser, man har haft og derefter begynde at skrive dem ned som små, selvstændige fortællinger. Et narrativ betyder, at der er en begyndelse, en midte og en slutning med et punktum efter. På den måde bliver deltagerne bevidste om, at alle oplevelser kan opfattes som historier. Nogle historier fortsætter hele livet, andre er afsluttede, og der kan sættes punktum efter.

De første linjer er som regel de sværeste, for når der først er taget hul på historien, flyder det ofte i en lind strøm af ord. Den ene erindring vækker den næste, og på den måde dukker der flere og flere erindringer op i hukommelsen, når man skriver.

Der findes mange måder at vække erindringen på, bl.a. sansebaserede øvelser, hvor man fokuserer på en sans ad gangen. Fx 'skriv om en lugt, du husker tydeligt fra din barndom', eller 'skriv om en bestemt melodi, du husker fra din ungdom'. Mulighederne er uendelige. Kursisterne guides gennem små øvelser, og de skriver samtidig. Helst i samme rum, men det kan også foregå online. Der afsættes et bestemt tidsrum, fx 5-10-15 minutter til at skrive historien. Efterfølgende læser deltagerne deres tekst op for de andre, som så giver nogle ord tilbage, som de har hæftet sig ved, godt kunne lide osv. De kan også fortælle, hvad den pågældende tekst mindede dem om i deres eget liv. Ingen negativ kritik. På den måde får den enkelte kursist en fornemmelse af, at teksten kan have en betydning for de andre. Alle spejler sig i hinandens tekster og oplevelser.

"Vi flyder i et hav af fælles bevidsthed. Vores største personlige tabuer er vores største fællesskab."

Dette citat hørte jeg for mange år siden på et skrivekursus, hvor jeg selv var kursist, og jeg har det som udgangspunkt i baghovedet i min undervisning.

Det er sundt at kunne spejle sig selv i andres oplevelser, at lære om hvordan andre for eksempel har løst konflikter, er kommet igennem kriser og udfordringer i livet, og er i det er hele taget opløftende at møde genkendelighed. Måske har en person gået med en ubehagelig hemmelighed og troet, at hun/han var den eneste, som havde det sådan. Så ved at høre om andres oplevelser, finder de ud af, at der er mange ting, som mange har oplevet. Når man hører nogen fortælle om noget, der er svært at tale om, får man muligvis selv modet til at åbne sig, og derved kan man føle en lettelse ved at 'få det ud'.

Jeg er helt overbevist om, og har selv oplevet, at det at skrive kan være forløsende, opbyggende og helende for ethvert menneske, som har noget på hjerte.

Marianne Christensen er født i 1954 og blev lærer i 1981. Hun har undervist nogle år i folkeskoler, inden hun blev leder af et kulturhus og senere blev underviser på VUC. Hun har alle dage interesseret sig for folkeoplysning og var i et par år ansat som konsulent for folkeoplysningen i det tidligere Storstrøms Amt. Siden 2000 har hun sideløbende med sit arbejde været omrejsende historiefortæller, arrangør af seminarer og festivaler, samt deltager og underviser på adskillige kurser om historiefortælling.

Hun har siden 2011 været selvstændig som coach, underviser, foredragsholder og historiefortæller.

Hun har deltaget som fortæller og underviser på festivaler i Estland, England, Tyskland, USA, Indien, Rumænien, Kenya og de nordiske lande.

Siden sin debut med udgivelsen af en digtsamling i 2018 har hun også været forfatter.

Hun har udgivet tre digtsamlinger på forlaget Books on Demand: Blå måne skinner hvidt lys, 2018, Fløjtende ligegyldige bekymringer, 2019, Hvor blå kan man bli', 2021

Desuden har hun sammen med Dorte Roholte udgivet interviewbogen 'Det sidste led, et liv uden børn' på forlaget Mellemgaard i 2020.

Hun er nu pensioneret, men rejser stadig rundt og fortæller historier og holder foredrag, hvor der er efterspørgsel efter hende.

Mental fitness som syg
Af Mona Hvid

"Hvordan har du det, Mona?" spørger den sygeplejestuderende, mens hun giver mig noget ekstra smertelindrende. Jeg ved godt, at hun spørger til, hvordan jeg har det psykisk nu, hvor jeg bliver undersøgt for en meget alvorlig sygdom - en diagnose med ringe fremtidsudsigter.

"Jeg har det godt! Jeg har besluttet, at jeg ikke vil bekymre mig, før jeg ved om, der er noget at bekymre mig for"

"Hvordan kan du det?" spørger hun forundret.

Jeg har ikke har kræfter til at svare, og hun har også andre opgaver, selvom det er nat, og der er stille på afdelingen.

"Vil du ikke skrive en bog om det? Vi er så mange, der har brug for det, du gør. Jeg er stor fan af dig"

På det tidspunkt har jeg været syg i knapt 2 år, så jeg har været igennem megen mental træning, ellers havde jeg ikke helhjertet kunne reagere sådan.

Der har været perioder, hvor jeg har haft det lidt bedre, men det meste af tiden er det gået ned ad bakke. De sidste år har været meget hårde med det svigtende helbred og et hav af undersøgelser og en del indlæggelser. Lægerne kan ikke finde ud af, hvad jeg fejler. Samtidig er økonomien presset - jeg er selvstændig. Sygedagpengene og senere et beløb svarende til kontanthjælp rækker ikke til mine udgifter - de private og de fortsatte udgifter til firmaet.

I de to år har jeg trænet i at mestre alle de mange følelser, som der opstår, når verden pludselig vælter. Jeg siger ikke, at jeg er blevet mester i det, men jeg har trænet, fordi jeg er opmærksom på vores selvhelbredende kræfter, og hvordan vores følelser kan forværre sygdom.

Selvhelbredende kræfter

Vi er nogle geniale skabninger med selvhelbredende kræfter. Ja, det har vist alt levende her på jorden - bliver vi syge eller kommer til skade, så har vi indbygget nogle kodninger, som gør, at kroppen forsøger at rette op, sørge for at vi igen kommer i en balance. I bedste fald bliver vi raske, andre gange efterlader det sig nogle ar eller misdannelser.
At se på et gammelt træ er ret fascinerende - at se, hvordan det har klaret livets udfordringer.

Vi tænker måske ikke så meget på vores selvhelbredende kræfter, for vi har læger og medicin der kan fjerne vores ubehag. Mange af os (inklusiv mig selv) har glemt at lytte og samarbejde med kroppen: lytte til, hvad den fortæller os og sørge for, at den får de ting, som den skal bruge for at bygge sig selv op: mad, hvile, kost, vitaminer, motion, tanker og følelser...

Følelser

Vi ved godt, at vores helbred også er påvirket af, hvordan vi har det psykisk: hvor vi kan klare meget, når vi føler overskud og mindre, når vi er i underskud.

Forskning har i mange år vist, at vores følelser udløser kemikalier i kroppen.

Vores gamle hjerne har ikke omstillet sig til moderne forhold, så den udløser kortisol og adrenalin hver gang, vi føler stress eller frygt. Det er smart, når vi møder en sabeltiger, men det er ikke smart, at det også sker, når vi bekymrer os for betalingen af bilregningen eller bliver vrede på naboen. Men udløsning af kamp/flugt-hormoner sker uanset om der reelt er en fare, eller det bare er noget, vi tænker.

Det er fint og nødvendigt, at vi har dette forsvarssystem, men vi har ikke lært at håndtere det. Et kvarter efter at zebraen er undsluppet løven, der forfulgte den, står den stille og roligt og spiser - alt er faldet til ro og kemikalierne, som frygten udløste, er forsvundet.

Men den kunst kan de færreste af os længere mestre. Vi har evnen til at tænke, og dermed kan vi holde fast i frygten, vi gør ikke som zebraen, der giver slip og falder helt til ro, men tankerne og følelserne fortsætter med at køre i os: Hvad nu hvis … var sket? Hvad nu hvis … sker?

Forskning har vist, at man kan have stressreaktioner i kroppen i op til tre måneder efter et vredesudbrud.

Det er vigtigt, at kroppen kan etablere et forsvar / flugt, men det er skadeligt, når kemikalierne bliver hængende i kroppen. De danner inflammation, som er en vigtig faktor i rigtig mange sygdomme. Autoimmune sygdomme f.eks. gigt, sukkersyge og kræft er nogle af de sygdomme, hvor inflammation spiller en vigtig rolle.

Anti-inflammatorisk kost er meget oppe i tiden, hvor én af de helt store syndere er sukker.

Jeg har spurgt en reumatologisk overlæge om, hvad jeg kan gøre for at undgå / begrænse inflammationen. Han svarer, at det er svært at svare på, men man ved med sikkerhed at stress også kortvarig stress øger inflammationen.

Derfor øver jeg mig på ikke at stresse mig selv følelsesmæssigt - for kroppen reagerer uanset om det bare er noget jeg tænker, eller det er noget, der sker i virkeligheden.

Hvad gør man så?

Der er rigtig mange svære følelser, når man er syg, og når man så samtidig ved, at frygt og bekymringer faktisk er med til at vedligeholde sygdommen, så bliver det ekstra svært.

Jeg sagde en dag til min behandler på Øfeldt Centret (specialister i genoptræning af dårlige rygge og halvsides lammelser m.m.): "Hvor må det være hårdt for dem, der ikke ved, at sygdom kræver personlig udvikling" En halv time senere stoppede han midt i en øvelse: "Nu forstår jeg, hvorfor så mange af vores patienter er bitre - det har undret mig i de 21 år, jeg har været her, men nu forstår jeg det"

Der er mange ting, som man kan gøre, når man laver mental fitness. Vi har alle vores måde at gøre det på og efterhånden lærer vi nogle nye. Jeg vil nævne et par af dem, som jeg selv har stor gevinst af at bruge.

Mærk tabet, erkend smerten og accepter

Det duer ikke at prøve at ignorere disse smertefulde følelser - jeg har prøvet at lægge et lag positivt flødeskum henover i et forsøg på at skjule dem for mig selv og omgivelserne. De ligger der og arbejder under den positive overflade.

"Jeg kender ingen som dig, der kan falde i de mørke huller, men heller ingen, som er så god til at krappe sig op af dem igen." Ja, jeg ryger ned i de mørke følelser: tuder, raser, er frustreret, opgivende, føler mig totalt magtesløs - aner ofte ikke helt, hvad den præcise årsag er denne gang.

For mig er det en stor hjælp, at jeg har nogen, som orker at høre på mig, spørge ind, kan rumme mig, når jeg har det svært. Efterhånden kommer jeg til erkendelsen af, hvad det drejer sig om, og langsomt acceptere det og se med nye øjne på min virkelighed.

Denne form for mental fitness er ikke nogen nydelse, men en nødvendighed. Men det er ikke nødvendigt at være i smerten hele tiden - flyt fokus fra det svære ind i mellem, og dermed hent energi til det svære arbejde.

Bekymringer

Jeg behøver vist ikke skrive noget om dette - vi kan ikke undgå at bekymre os, men det er også en træning i at vælge sine bekymringer med omhu og undgå så mange af dem som muligt. Især dem, som man ikke kan gøre noget ved, er blevet forbudt her hos mig.

Taknemmelighed

Taknemmelighed er den følelse med den højeste frekvens. Man kan måle frekvensen på følelser, hvor taknemmelighed ligger i toppen (500- 1000 MHz), mens skam og skyld måles til henholdsvis 20 og 50 MHz.
Så taknemmelighed er et vigtigt redskab til at løfte sig selv og sin energi.

Kunsten er at se, hvad der er at være taknemmelig for i en svær hverdag.

Det er selvfølgeligt at være taknemmelig for den hjælp, som man får, og for den kærlighed og omsorg, som familie og venner giver.

At være taknemmelig for, at vi bor i et land, hvor der står et stort og meget kostbart sundhedsvæsen gratis til rådighed for os - selvom vi ind i mellem synes, at de er nogle klaphatte, når de ikke kan finde ud af, hvad jeg fejler, eller hvad der skal til for, at jeg bliver rask igen. Men sygdom har også lært mig at blive taknemmelig for nogle af selvfølgelighederne i livet: at være taknemmelig over at jeg er i live (helt ærlig, så har der været dage, hvor jeg slet ikke følte den taknemmelighed).

Være taknemmelig for det, som jeg trods alt fortsat kan (det er nemmere at fokusere på det, som jeg ikke længere kan - det sker ofte for mig).

Mens jeg lå fuldtids i min hospitalsseng, som stod i stuen, blev jeg så taknemmelig for at kunne ligge og se på mine solsorte i haven - deres lege, deres kampe og deres pudsigheder.

Jo mere man træner sin taknemmelighed, jo stærkere bliver den.

Mental fitness - både for raske og syge

Vi laver alle mental fitness - det ligger indbygget i os, at vi hele tiden forsøger at skabe en balance.

Men vores redskaber til mental fitness er ofte ubevidste, i modsætning til at vi har styr på, hvad vi gør for at holde vores fysiske krop i balance - eller vi ved i hvert fald, hvad vi ind imellem gør, og hvad vi går og tænker på, hvad vi kunne gøre.

Det er altid godt at kende udgangspunktet. Derfor kan det være godt at opdage sin værktøjskasse til mental balance.
Vi har alle nogle måder at gøre det på - læg låg på f.eks. spise en kæmpe pose Haribo og se en hel Tv-serie, arbejde med sine tanker, ….

Få set på, hvad du allerede har øvet dig i for at skabe mental balance.
Måske er der noget i kassen, som hjælper dig rigtig meget, måske er der noget, som du godt ved reelt ikke hjælper dig. (Det kan faktisk i nogle situationer være en god ide at lægge låg på følelserne med trøstespisning og TV-junk, for lige at komme lidt på afstand - men det er ikke så smart, hvis det sker i flere dage i rap)

Det er ikke nogen nem opgave at stille sig - nogle vil, som jeg, have brug for at snakke med en anden/andre om, hvad der er i værktøjskassen. Jeg er næsten sikker på, at her er nogle blinde pletter - noget, som man slet ikke kender hos sig selv.

Når man ved, hvad man har, så opdager man ofte også, hvad man mangler - ellers skal livet sørme nok komme forbi og gøre opmærksom på det.

Nu skal det ikke læses som om, at vi skal have en værktøjskasse, der er parat til det hele - men er der nogle situationer, der dukker op med jævne mellemrum, som man har svært ved at mestre, så ligger der muligheder.

Det betyder ikke, at vi ikke kommer til at vælte, blive kede af det, frustrerede, forvirrede, føle os magtesløse - det er ikke tegn på, at du ikke er mental sund, men træningsopgaver.

Hvad gør du i dagligdagen for at komme / være i mental balance?

Min personlige erfaring er, at hvis jeg glemmer min mentale fitness (træne min taknemmelighed, stilhed, glæde, have givende social kontakt, …), så kommer jeg en gang i mellem i ubalance. Har opdaget, at det er fuldstændig som med muskler, trænes de ikke, så bliver de noget slappe.

Jeg havde en periode, hvor jeg følte, at mit liv var meget leverpostej. Det var januar og p-pladsen foran fitnesscentret var godt fyldt op.

"Husker de mon også deres mentale fitness" - tanken fløj lige igennem mig. Da gik det op for mig, at det havde jeg selv glemt i en periode.

Der findes mange flere motionsredskaber til mental fitness - dette er blot lidt som inspiration til at du kan udvikle din egen redskabskasse til din daglige mentale fitness.

God motion!

Mona Hvid - Underviser og foredragsholder om udvikling.

Har arbejdet i mange år som konsulent for lokalområder og virksomheder - ofte med fokus på, hvordan tackler vi de store forandringer og samtidig skaber trivsel.

Hendes fokusområder er nu

- lære fra sig at komme i gang med at skrive. Ofte med udgangspunkt i hendes bog: "Skriv dit (voksne) barns bog, det er ikke for sent"

- inspirere til at skabe et godt liv, som rask, som syg, som pårørende, som pensionist, hvor hendes undervisning tager udgangspunkt i hverdagen med dens glæder og genvordigheder.

Udover at bidrage til artikler i flere antologier er hun i gang med at skrive to bøger:

"Du må LEVE med det" om at blive syg og blive ved med at være det - udkommer ultimo 2022

"Kulturmotoren - et bud på et nyt Forenings Danmark" en debatbog om at skabe fornyelse i Forenings Danmark - udkommer sommeren 2022

Mona Hvid – Konsulent og forfatter og arbejder med en bog om, hvordan man klarer en alvorlig sygdom og lærer at leve med den, ud fra egen erfaring.

Bevar din mentale sundhed
Af Anne Brigitta Holde

Kend din balance og få et bedre liv

Kærlighed (til dig selv og andre), tro, mental træning, fysisk træning, tankegang, tro på dig selv, mindfulness, skrivning (skriv dig fri og til flere færdigheder), kost og tænkning om kost, bruge alle sanser - opmærksomt nærvær, administration af den energi, der er til rådighed og acceptere, hvad man kan….

Jeg har min egen liste til, hvad sundhed er for mig og hvordan den spiller en aktiv rolle i mit liv. Hver eneste dag er ny, hvor jeg gør mit bedste for netop at bevare min mentale sundhed.

"Du lægger da også altid mærke til alt, når vi går tur," sagde min veninde en dag. Og ja jeg har fået skærpet min opmærksomhed på livets godhed og hvordan jeg kan omfavne det på allerbedste måde. Det er blevet et bevidst valg.
Men sådan har det ikke altid været. Jeg har rigtig længe hængt i en tråd af besværligheder, omveje og tristhed i min melankolske arv.

I løbet af de sidste syv år har jeg interesseret mig for holistisk livsstil og arbejdet med forskellige grene i den helhedsorienterede sundhedsverden. Holisme betyder netop helhedsforståelse og kan defineres i betydningen af, at der er ånd og bevidsthed bag alt. Menneske og natur er tæt forbundet og holisme betragtes som et energetisk livssyn.

Holistisk sundhed kan defineres som *en filosofi af velvære som anser de fysiske, psykiske og åndelige aspekter af livet som tæt sammenkoblet og afbalanceret.*

Jeg har selv mærket betydningen af at se sygdom i et holistisk perspektiv i forhold til min egen fortælling om sklerose, som jeg fik konstateret for snart tolv år siden.

Sundhed er for mig meget mere end fravær af sygdom og jeg har opdaget, at jeg selv kan påvirke og hjælpe min krop. Det spiller en rolle, hvordan mit immunforsvar næres og hvordan jeg tænker om mig selv og min situation. Ved sygdom har kroppen selvregulerende mekanismer, som altid tilstræber balance. Og det er netop spørgsmålet om balance i livet, der optager mig.

Når vi får en kronisk sygdom, vil det være afgørende at se på, hvordan balancen er i ens liv. Det er noget, man arbejder med hos fysioterapeuten og i træningsrummet, tænker mange måske. Mit træningsrum er langt større. Det omfatter både den kost, jeg spiser, hvordan mit humør er og at jeg derved accepterer både triste og glade dage, at jeg taler pænt om mig selv og administrerer den energi, jeg har til rådighed på en balanceret måde. Dermed orker jeg langt mere. Sådan kan livet blive nærende og interessant på en anden måde.

Hvert år arbejder jeg med manifestationer. Noget af det vigtigste, at have med i livet for at opretholde livsglæde og balance, har været accept, humor, leg og større lethed. Accept af sig selv og den man er og at lære at tage livet lidt lettere. Ved at samarbejde med sin krop på forskellige planer, vil den helt automatisk hjælpe med at hele og heale.

At bevare min daglige mentale sundhed betyder at acceptere alle dage med det, de bringer mig og at der er noget, jeg netop skal lære af den tilstand, der er.

Skønhed findes i alt ligegyldigt hvilken farve, det har. Jeg har været klar til at se muligheder på en ny måde og gribe det, der er kommet.

Vigtigst af alt har jeg omsider forstået og mærket, at jeg ikke behøver at klare alting selv. Fællesskaber på mange måder har fået ny betydning og været et af mine omdrejningspunkter. Det var først efter en voldsom krise og en kronisk sygdom, jeg tog mit liv helt alvorligt.

"I praktiseringen af tolerance

er ens fjende den bedste lærer" (Dalai Lama)

Et lille efterskrift om Holistisk livsstil

Hver dag burde man i det mindste høre en lille sang,

læse et godt digt, se et smukt maleri og

-hvis overhovedet muligt-

sige et par fornuftige ord.

Goethe

Holistisk livsstil er at leve i overensstemmelse med sig selv, - lytte til sit hjerte og turde gå nye veje. At leve bedst muligt i pagt med sin krop, fysisk, psykisk og åndeligt. At være kreativ, - skrive, male, se muligheder før begrænsninger, plukke en smuk blomst og bare være - være i nuet - være mindful. Når vi øver os i dette, er vi til stede og alt hvad vi gør på en sådan måde betragter jeg som holistisk og som energi arbejde. Når vi er udfordret i livet, er det afgørende at lytte til sig selv og vores egen energi uden at forcere noget. Sådan skaber vi den allerbedste stund for os selv og opdager måske endog, at vi magter mere end vi aner. Vi kan bringes til accept, forståelse og taknemmelighed.

"Da jeg omsider bare var, blev jeg beriget med så meget, som jeg havde manifesteret og ønsket ville ske i mit liv. Behøvede ikke at kæmpe så meget. Livet kom i balance."

Refleksioner til holistisk livsstil i et mentalt sundhedsperspektiv.

Mange mennesker bliver ramt af stress, udbrændthed og kroniske sygdomme i den hverdag, vi lever i. Aldrig har der været så mange registrerede diagnoser hos mennesker med ondt i livet og medicinalindustrien lever i økonomisk overflod.

Vi har eksempelvis fået skabt et arbejdsliv, som først og fremmest hylder vækst og produktion. Der bliver mindre og mindre plads til hensyn, hvor etik og værdier kan blomstre. De bløde værdier blev det engang omtalt, særligt i forhold til arbejdet med mennesker.

Personligt støder jeg lige nu på flere og flere dygtige dedikerede mennesker i mit eget netværk, som bliver langtidssygemeldte og ufrivilligt må fratræde arbejdsmarkedet. Det er netop der, de har lagt så uendeligt mange kræfter og har brændt for at gøre en forskel.

Vi skal lære at stoppe op i tide og opdage, hvad det vigtige i livet er. Der var engang, hvor vi var bedre til at sige fra. I forhold til regler og strukturer og skabe nye veje, men også personligt hvor vi kunne have bedre plads til at passe vores børn, at gå ned i tid, at have modet til at melde sig syg uden frygt for fyring og så videre.

På et tidspunkt var vi mange, som tog uddannelse i mindfulness eller lærte det for personlig tilfredsstillelse. Det var vigtigt ligefrem at lære at trække stikket for en stund. I gamle dage sad bedstefar og "faldt i staver," hvilket er et fantastisk udtryk for at lave ingenting og lade tankerne flyde. At blive fyldt op med ny energi til at klare dagens dont. Når vi hele tiden har så meget fart på vores menneskelige krop, bliver vi usunde og slidte. Et menneske kan klare rigtig meget, hvis balancen er i orden og også "lærer" at trække vejret og være i ro. Det er tankevækkende, at det nu er noget, vi skal lære, ikke?

I den holistiske livsstil er balancen i fokus og jeg mener, det kan hjælpe os med at gøre en forskel. I min optik er det alt for sent først at være god ved sig selv og tage sin krop og sit væsen alvorligt, når vi ER blevet syge. Desværre er der mange af os, der først her opdager livets egentlige mening. Men hvad er det for noget? Min egen kroniske diagnose har med tiden og ja tålmodigheden givet mig et bedre liv. Et mere stille liv uden så meget arbejde som før. Det har givet en anden retning med fokus på hvad jeg egentlig ønsker. Det er ikke min mening at opfordre til, at vi skal opgive en masse og flytte til en øde ø. Ikke muligt eller ønskeligt.

Der kan være forskellige veje at gå. Jeg mener, det er vigtigt, at vi har fokus på flere spor og arbejder forskellige veje. At vi bidrager til at ændre på de arbejdsforhold, som både her og alle steder gør mennesker syge. At vi tør og bør stå sammen om at skabe nye og mere menneskelige rammer. At vi holder fokus og "snuden i sporet" for selv at opdage, hvor der er "bedst at være" for os selv og hinanden.

Hvor er du? Hvad gør dig godt og hvordan kan du og sammen med andre få det bedste liv i den bedste udgave for dig. Tør du se på din balance. Hvordan kan du gå ind i kampen og hvor skal det være en kamp. Stå op for det, du kan ændre og lad andre om en anden vej.

Livet er ganske kort for os alle. Hvilke veje skal du gå, tør og kan du? Skal du droppe GPS og har du modet til at søge din vej. Det er altid muligt at bede om hjælp.

Anne Birgitte Holde skriver fortællinger i forskellige grupper hvor sanser og natur indgår. Anne interesserer sig for holistisk livsstil og deltager i holistisk festival om sommeren på Bosei højskole, hvor hun denne sommer har en heldags workshop om at skrive.

Anne er forfatter til bogen "hjertets forvandling-tårernes vækkeur" små fortællinger om at være rask med en sklerose tilstand i kroppen og er optaget af skrivning som et helbredende healende redskab.

Anne Holde er desuden familiekonsulent og socialrådgiver og har erfaring med belastede familier med børn med mentale udfordringer og selv overvundet en alvorlig sygdom.

Mad løser ikke alt, men intet løses uden
af Birgitte Flensholt

Om mad, måltider og mental sundhed

Igennem 10 år har jeg arbejdet med 100'vis langtidssygemeldte borgere – som underviser og vejleder. Kontanthjælp i kombination med massive fysiske og mentale udfordringer var hverdag.

Kan kostændringer hjælpe? Ja, der skal mad med næring til i alle livets forhold. Mad med næring.

En barsk virkelighed.

- Mindst 75% mødte op uden morgenmad. Mange røg som det første om morgenen.
- De fleste drak kaffe, inden de kom.
- Over halvdelen drak sodavand hver eneste dag. En kvinde afslørede, at hun dagligt drak 6 liter sodavand. Mange drak energidrik dagligt.
- En mand drak 8 kander kaffe om dagen og spiste kun aftensmad.
- Mange drak ikke vand
- Mange fortalte, at de ikke havde penge til at købe grøntsager. At frugt var for dyrt.

Disse eksempler er ekstreme, men de er virkelighed. Havde disse mennesker det godt? Nej. Stress, angst, søvnproblemer, smerter i led og muskler, dårlig fordøjelse, problemer med koncentration, træthed, hovedpine, humør- svingninger m.m.
Det behøver ikke at være så ekstremt for at stille spørgsmålet - Har du det godt?

Forskning viser, at der er sammenhæng med tarm og hjerne. Hvis tarmen ikke får den rette næring, påvirker det psyken. For få fibre, for meget usundt fedt, for meget sukker, forarbejdet mad, fastfood kan give dårlig fordøjelse – luft i maven, hård mave, tynd mave, mangel på sunde tarmbakterier. Det kan give træthed, søvnproblemer og humørsvingninger.
Næsten ½ mio. mennesker får lykkepiller i DK. Hvad spiser disse mennesker? Det er værd at interessere sig for.

Kur? nej tak. Mad med mening? ja tak.

Mad, måltider og mental sundhed er ikke en kur. Kure er godt for håret. De færreste fungerer i længden på kur. Det handler derimod om

- mod, mening, villighed og vilje til at ændre vaner,
- struktur og enkelhed i hverdagen i forhold til indkøb og madlavning
- disciplin i ordets bedste betydning
- inspiration og støtte til at erstatte gamle vaner.

Mad med næring er brændstof til krop og hjerne. Kaffe i stedet for et måltid er ikke næring. Sodavand er ikke næring. Sukker og fastfood er ikke næring. Det er ikke forbudt, men værd at undersøge, hvor meget det næringsløse fylder i hverdagen.

De vigtige spørgsmål

En nøgle er selvindsigt - at blive bevidst og at turde være ærlig om egne vaner. Ved du hvad du gør? Og gør du hvad du ved?

Hvad vil du gerne? "Jeg vil gerne have mere overskud". "Jeg vil gerne have det bedre". "Jeg vil gerne tage ansvar". "Jeg vil gerne have mere energi". Det er svar, jeg har hørt gennem årene. Vægttab blev for mange en positiv sidegevinst, selvom vi ikke talte om vægt.

Hvad gør de daglige småkager for dig? Er du villig til at komme i gang med at spise morgenmad, selvom du ikke har gjort det i 30 år? Kan du forestille dig en gevinst? Hvis der kun er en kop kaffe om dagen til rådighed – hvilken er så den bedste for dig? Hvad er det værste for dig at undvære? Vil du vove det i 3 måneder? Hvad er hygge for dig?

Retning og muligheder

- 3 hovedmåltider hver dag + 1 mindre måltid om eftermiddagen
- Morgenmad hver dag.
- 12 timers faste er guf for krop og hjerne – dvs. ingen mad efter aftensmaden.
- Protein i alle måltider – fisk, magert kød, økologiske æg, bælgfrugter.
- Begræns sukker, gluten og mælkeprodukter.
- Spis grønt og frugt – mindst 600 g om dagen – husk bær og kål

- Drik vand hver eneste dag 1-1½ liter

- Vælg dine kopper kaffe med omhu og nyd dem.

- Tilskud af multivitaminer, magnesium og D-vitaminer.

- Spis mælkesyrekapsler/probiotica, der styrker fordøjelse og immunforsvar.

- Husk det sunde fedt – cellefedtet og begræns det usunde – delle fedtet.

- Spis fede fisk eller gode fiskeolietilskud.

- Spis nødder, mandler, kerner og frø – ikke ristede og saltede

- Sæt realistiske mål og ros dig selv.

- Træk vejret, mediter eller lav mindfulness

- Glæd dig – find ud af, hvad der gør dig glad. Smil.

- Hold pauser

- Sov godt – og sov nok.

- Brug kroppen – gør det du kan lide – gerne x bevægelser. Få sved på panden, men overdriv ikke.

- Vær nærværende – også når du spiser.

- Tak dig selv.

Denne liste er en retningsgiver - en palette af muligheder. Hvert punkt har betydning for dit mentale helbred. Hvor er du klar til at starte? Hvor er du villig til at investere i din mentale sundhed. God vejrtrækning og latter kan være vejen til mere næring, mad og måltider. 500 skridt om dagen er at være på vej. Matadormix udskiftet med mandler og gulerodsstave er at være på vej. Drop "synd", når du har hånden i kagedåsen. Nyd kagen og vid, du er på vej. Fred ligger ikke nødvendigvis på bunden. Vær vågen. Nydelse, nærvær og sansning er vigtig næring.

Opgave/ refleksion

Hvordan nærer du dig selv og din mentale sundhed?

Er der noget, du får lyst til at tage fat i, når du kigger på listen over retningslinjer og muligheder? Hvad du end vælger, så gør det enkelt for dig selv.

Er det f.eks. morgenmad du vil til at indføre, så er det en god idé at vælge en bid af noget. En bid af en banan eller en bid af en bolle. Bare en bid. Gør det hver dag i en uge og lyt til kroppen. For første gang i mange år mærker du måske sult.

Herefter er det vigtigt at planlægge det nærende måltid. Sikre dig, at du har det i skabene, som du godt kan lide.

Er det kaffen, du vil skære ned på, så overvej hvilken på dagen, der den bedste. Forestil dig en lov om, at du kun må få en kop kaffe om dagen. Hvilken sætter du mest pris på? Hvilken nyder du?

Heldigvis findes loven om én kop kaffe ikke. Men brug den til at blive klar på, hvilke kopper kaffe, du nyder og drikker i nærvær og hvilke du indtager uden opmærksomhed. Vil det fungere for dig med præcise kaffepauser og kun én kop til hver pause? Hvad er du villig til?

Har du overblik over, hvad der gemmer sig i skabe og skuffer?

Har du brug for oprydning, så tag en skuffe ad gangen eller et skab ad gangen. Find din metode og ros dig selv hver eneste gang, du har gør noget for din mentale sundhed.

Ros og anerkend dig selv hver eneste dag for dine nye tiltag, for din vedholdenhed og for at komme nærmere dit mål.

Hvad vil du rose dig for lige nu?

Birgitte Flensholt – selvstændig kostkonsulent siden 2005.
Foredragsholder, underviser, vejleder, skribent og forfatter.

Birgitte evner at møde mennesker præcis, hvor de er. Med nærvær, varme og enkelhed deler hun gavmildt sin store faglige viden og erfaring. Birgitte har ingen løftede pegefingre og hun har en skøn humor.

Birgitte har alle år som selvstændig arbejdet med mental sundhed – med psykisk syge, langtidssyge, hjemløse, misbrugere, børn og unge med sjældne sygdomme og diagnoser og mennesker, som ønsker at ændre kost og vaner.

Uddannelse: ernærings- og husholdningsøkonom, bachelor i psykologi fra Københavns universitet, grunduddannet coach og psykoterapeut.

Mål din mentale trivsel
af Marie Lenstrup

Hvordan går det? Hvordan har du det? Sådan spørger vi tit hinanden, når vi mødes. Og svarene er givet på forhånd – det går fint, jeg har det fint, alt er fint. Men hvordan har du det egentlig? Det kan faktisk være ret svært at svare klart på.

Hvis du gerne vil bevare eller styrke din mentale sundhed, er det logisk at starte med at finde ud af, hvordan din mentale trivsel er i udgangspunktet. Går det "fint" eller måske ligefrem storartet, eller har du det faktisk lidt skidt?

Jeg læste for en del år siden om et fransk forskningsprojekt, hvor man havde interesseret sig for trivslen hos mennesker, der som voksne var blevet lamme fra halsen og ned efter forskellige ulykker. Først besøgte forskerne de uheldige patienter to uger efter ulykken, og da var de alle dybt ulykkelige og ville for manges vedkommende ønske, at de var døde i stedet for at overleve til dette ekstremt reducerede liv. Ingen overraskelser her. Men da forskerne vendte tilbage to år efter ulykken, var billedet et ganske andet. Man havde tilpasset sig og fundet noget godt at fokusere på. Søde handicaphjælpere, en dejlig pandepind så man selv kunne bladre i bøger, nye gode venner på nettet osv.

Vel hænger den mentale trivsel sammen med ens fysiske omstændigheder, men det er åbenbart langt fra hele historien, og man kan vænne sig til meget. Det kan man se i det franske studie, hvor skidt blev vendt til godt. Man kan såmænd også nøjes med at besøge en svinestald. Lige først er stanken aldeles overvældende, man trækker vejret så overfladisk som muligt og kun gennem munden. Men der går ikke mange minutter, før lugten bliver mindre opmærksomhedskrævende, og hvis man bliver i stalden, vil man til sidst slet ikke bemærke, at der lugter. Her bliver skidt ikke vendt til godt, men til uvigtigt. Vores hjerner er hele tiden på vagt over for nye sanseindtryk (mad? fare? sex? osv.) og derfor frasorteres det, som ikke er nyt, ganske uden bevidsthedens medvirken. De store følelser bliver også mindre med tiden. Hverken den stormende forelskelse eller den afgrundsdybe sorg varer resten af livet. Og i mindre målestok vænner de nybagte forældre sig til aldrig at sove uforstyrret, den gigtplagede vænner sig til sine ømme led osv.

Så hvordan går det? Kan du overhovedet mærke det, eller er det gode og det svære for længst blevet integreret i din hverdag? Går det bedre eller dårligere end i sidste uge eller for et halvt år siden? Skal du være bekymret for din mentale trivsel, eller skal du bare holde fast i gode vaner og et grundlæggende godt humør?

Jeg har selv oplevet en periode på flere år under min mands sygdom, hvor jeg var så presset, at jeg havde overordentlig svært ved at mærke mig selv. Jeg vidste udmærket, at jeg ikke havde det godt, men jeg havde simpelthen ikke mentalt overskud til at mærke efter, præcis hvor ikke-godt jeg havde det, og det gjorde det meget svært for mig at få hjælp – uanset om det var praktisk hjælp eller den hjælp, der kommer af at få lov til at fortælle om sine udfordringer. Jeg husker en dag, hvor min mor ringede til mig og spurgte, hvordan det gik. Straks begyndte jeg at fortælle om, hvordan det gik med min syge mand. "Nej, nej," sagde hun, "hvordan *går* det?" Og så fortalte jeg hende (for fanden) om, hvordan det gik med katten, for jeg var ude af stand til at svare på, hvordan det gik med mig.

Det var en absurd oplevelse, som blev en slags vendepunkt. Jeg besluttede mig til, at nu måtte jeg altså til at passe bedre på mig selv, og at det måtte starte med at finde en måde at undersøge, hvordan jeg rent faktisk havde det.

WHO´s trivselstest

Jeg opdagede, at der findes forskellige måder at måle trivsel på, og at langt den enkleste og mest generelt brugbare er WHO's trivselstest, som bygger på omfattende forskning. Den ser sådan her ud:

I de sidste 2 uger...	Hele tiden	Det meste af tiden	Over halvdelen af tiden	Under halvdelen af tiden	Lidt af tiden	På intet tidspunkt
... har jeg været glad og i godt humør	5	4	3	2	1	0
... har jeg følt mig rolig og afslappet	5	4	3	2	1	0
... har jeg følt mig aktiv og energisk	5	4	3	2	1	0
...er jeg vågnet frisk og udhvilet	5	4	3	2	1	0
... har min dag været fuld af ting, der interesserer mig	5	4	3	2	1	0

Du beregner dit resultat ved at lægge tallene i de afkrydsede felter sammen og gang med fire. Du får nu et tal mellem 0 og 100. Jo højere tallet er, des bedre er din trivsel. Sundhedsstyrelsen har målt, at gennemsnittet for den danske befolkning er 68 point. Hvis du har nogle omstændigheder i dit liv, som gør det særlig svært for tiden – fx arbejdsløshed, skilsmisse, sygdom blandt dine nærtstående – skal du nok være forberedt på, at dit pointtal ligger lidt under gennemsnittet.

Men der er ifølge WHO og Sundhedsstyrelsen nogle nedre grænser, du bør være opmærksom på. De siger nemlig, at ved pointtal mellem 36 og 50 skal du holde øje med udviklingen i din trivsel, fordi der kan være risiko for at du udvikler depression eller stressbelastning. Ved pointtal under 36 er dette vokset til en stor risiko, og de anbefaler dig at søge hjælp, fx hos læge eller psykolog. Jeg synes selv, at sammenligningen med andre menneskers trivsel er mindre interessant end muligheden for at følge udviklingen i ens egen trivsel over tid. Derfor vil jeg foreslå dig at tage testen med jævne mellemrum, fx en gang hver måned eller hvert kvartal. Du kan dermed tydeligt se, om din mentale trivsel er stabil eller ved at udvikle sig til det bedre eller værre. Med andre ord, om det, du gør nu, hjælper (nok).

Trivselstesten siger ikke direkte noget om, hvad du kan gøre for at forbedre din mentale trivsel, medmindre det er så skidt, at du bør søge læge. Så galt bliver det forhåbentlig ikke – især hvis du kan bruge nogle af de gode bud på, hvad du selv kan gøre, som kommer i resten af denne bog.

Marie Lenstrup er formand for Pårørende i Danmark og arbejder med og for pårørende til mennesker ramt af sygdom eller handicap. Hendes fokus er mestring og egenomsorg, hvilket skinner stærkt igennem i hendes foredrag, bøger og artikler. Men også bedre offentlig hjælp til sygdomsramte familier ligger hende stærkt på sinde.

Marie har skrevet bøgerne Overlevelsesmanual for omsorgspårørende (udgivet af Frydenlund) og 300 gode råd til pårørende om plejehjem (udgivet af Ældre Sagen).

Sensitivitet, stress og sundhed
Af Tine Rytsel

Mental sundhed hænger for mig meget sammen med fysisk sundhed. Hvis min krop har det godt, har mit sind det som regel også godt og omvendt.

Jeg er det, man kalder særligt sensitiv, følsom, sårbar om du vil, eller måske rettere sansestærk og udstyret med særlige "super helte kræfter", som min søn engang fik at vide af en læge, da han også blev "diagnosticeret" med fænomenet.

At være særligt sensitiv

At være særligt sensitiv betyder egentlig at have et mere "følsomt" nervesystem og lettere kan påvirkes kropsligt, tanke-og følelsesmæssigt af de ting, der sker omkring én. Oplevelser, stemninger, mennesker, ubehag, smerte, lugte, lyde, lys eller kropslige fornemmelser, opleves mere intenst (oftest 3-5 gange mere end de fleste andre mennesker gør). Særligt sensitive mennesker har ofte et rigt indre liv, en stærk retfærdighedssans og en udpræget indlevelsesevne. De reflekterer oftest dybt over tingene og kan have et større behov for ro og alenetid. Særligt sensitive mennesker er som regel gode til at sætte sig ind i andres følelser og behov og bliver let påvirket af andres humør, på godt og ondt, og tænker generelt meget over livet. Særligt sensitive mennesker stiller oftest store krav til sig selv og kan være følsomme overfor kritik. Ikke at blive mødt i sin følsomhed, kan let give følelsen af at være forkert.

Det handler om at opleve og forstå verden på en anden måde. Alting opleves mere intenst og derfor er det også vigtigt at acceptere sig selv som den, man er, og finde ud af hvordan man bedst trives med den særlige personlighed man har.

Balance er vigtig for ikke at blive overstimuleret, og drænet for energi, og er man ikke opmærksom på sig selv og sine behov, kan det at være særligt sensitivt, give en øget stress sårbarhed.

Som særligt sensitiv oplever jeg at være mere lyd følsom end de fleste, og har et større behov for stilhed og ro. Jeg har ligesom andre meget brug for sociale relationer, oplevelser, udvikling og inspiration, men har indimellem lige så meget brug for alenetid, tid til at fordybe mig, og "fordøje" indtryk, for ikke at blive overstimuleret.

Beslutninger kan være udfordrende, når man er særligt sensitiv, og det kan være svært at sige "pyt", når noget væsentligt er på spil. Der er en tendens til, at vi ofte får at vide, at vi skal øve os i at sige "pyt", og ikke være så sarte, men det er ikke nødvendigvis så let for alle. Det er selvfølgelig ikke godt at gruble for længe og trække sig selv ned, men det er også en måde at bearbejde svære hændelser på, lære af dem, og komme videre, det kan måske for andre virke "for meget", men for en særligt sensitiv kan det være nødvendigt for at slippe det og komme videre.

Det anslås at ca. 20% af jordens befolkning er særligt sensitive, og det kan være en balancegang at mestre det at være sensitiv i en verden, der er meget ekstrovert, hektisk og præstationskrævende. Det er ikke noget, man almindeligvis lærer at forstå og tage vare på i folkeskolen eller nødvendigvis tager hensyn til på institutioner, uddannelsessteder eller arbejdspladser. Det er derfor vigtigt at man selv er opmærksom, accepterer sine begrænsninger og italesætter sine behov, også på sine børns vegne.

At være særligt sensitiv fører mange positive ting med sig. Livet kan føles meget intenst og passioneret og en særligt sensitiv personlighed er som regel meget empatisk, omsorgsfuld, kærlig, opmærksom, hjælpsom, venlig, vellidt og er ofte også højt begavet. Ikke fordi man som sensitiv nødvendigvis er højt begavet, men fordi at man som højt begavet ofte også er særligt sensitiv. Særligt sensitive mennesker har ofte en udpræget kunstnerisk og æstetisk sans og kan være meget passioneret i sin tilgang til livet.

Personlighedstrækket kan ligge meget op ad det at være introvert, selvom det ikke nødvendigvis hænger sammen. Den amerikanske forsker Elaine Aron anslår at 70% af særligt sensitive også er introverte. Der er altså stor sandsynlighed for, at man som særligt sensitiv også er introvert, men man er som introvert ikke nødvendigvis særligt sensitiv. Derudover kan en kronisk stresstilstand og alvorlige traumer belaste nervesystemet så meget, at det udløser en større følelsesmæssig sensitivitet. Det kaldes hypersensitivitet. Det er dog ikke det samme som at være særlig sensitiv, da hypersensitivitet er en tilstand, der i mange tilfælde kan behandles.

Jeg har lært at mestre mine "særlige super kræfter", ved at erkende mine begrænsninger, værdsætte de positive egenskaber og være tydelig omkring mine behov, men det har taget tid og har krævet en del prøvelser. Jeg har altid haft fokus på fysisk sundhed som en måde at skabe mental balance, fordi jeg oplever at det giver ro og klarer tankerne, holder humøret højt og giver energi og overskud, når jeg giver min krop opmærksomhed.

Et stabilt blodsukker kan have stor betydning for humør, energi og overskud og en gåtur på bare 10 minutter, kan være med til at stabilisere blodsukkeret og bl.a. forebygge vægttab.

Når der er uro og måske stress i systemet, er det vigtigt at bevæge sig. De hormoner der bl.a. udløses ved stress, er energi der skal "brændes af" og en gåtur, cykeltur, yoga, tai-chi, svømning eller dans, kan være et bedre alternativ end hård fysisk træning, hvis man er stressramt. Moderat træning og konditionstræning især, udløser endorfiner (lykkehormoner) og stimulerer både muskler, knogler og bindevæv, men kan hvis det overdrives, skabe en stresstilstand i kroppen, som kan være uhensigtsmæssig hvis man allerede er i alarmberedskab. Motion og bevægelse kan hjælpe til at udskille affaldsstoffer og holde fordøjelsen i gang, samt holde hjerte og kredsløbscirkulation velfungerende, så der er mange fordele ved at få kroppen med ift. mental sundhed.

Jeg fik et alvorligt stresskollaps i 2016, og efterfølgende en smertefuld skulderskade, og har derfor, de sidste mange år, haft en mere rolig tilgang til krop og bevægelse, med yoga, meditation, vejrtrækningsøvelser, cykelture og lange gåture, hvilket har givet en større mental ro. Balance er vigtig, men kroppen har også brug for at blive udfordret, så en blanding af bevægelse i hverdagen, mindful træning og afspænding samt konditions- og styrketræning, er vigtig for vores mentale og fysiske sundhed, ligesom det er vigtigt at kende sin krops begrænsninger. For et overdrevent fokus på sundhed, kan ende med at blive usundt.

Krop og sind hænger uløseligt sammen, en presset periode med stress og uro, kan for de fleste, mærkes på krop og overskud, måske ikke så meget mens man er i "alarmberedskab", men efter, og mærkes måske i form af muskelspændinger, mavepine, hovedpine, træthed osv.
De tanker vi tænker skaber følelser i kroppen, og følelser skaber en fysiologisk reaktion, som udløser hhv. gode og mindre gode hormoner. Hormoner som kan stimulere eller belaste vores system. Derudover har vi næsten lige så mange, eller måske flere, nerveforbindelser i vores mave,

som i vores hjerne, nerveforbindelser som også påvirkes af tanker og følelser, og kan være med til at skabe ubalance.

Sunde positive tanker påvirker vores krop helt ned på celleplan, vores tarmflora kommunikerer med stort set alle celler i vores krop, og forskning viser at probiotika muligvis virker på samme måde som antidepressive midler og dermed kan være med til at mindske bl.a. stress, angst og depression (kilde: helsenyt.com / sundforskning.dk)

At spise sundt, jævnligt og varieret påvirker vores mentale sundhed, udover at et stabilt blodsukker påvirker vores humør og energi, er proteiner vigtige for dannelsen af tryptofan, som er en vigtig ingrediens i dannelsen af serotonin (lykkehormon). Vitaminer, mineraler, antioxidanter og omega 3 fedtsyrer er ligeledes vigtige for dannelsen af både serotonin og melatonin, og antioxidanter bekæmper ligeledes oxidativt stress og inflammationstilstande i hjernen.
(Kilde: madforlivet.com).

Jeg har i mange år arbejdet med stressramte i undervisnings- og samtaleforløb, og min erfaring er at viden og forståelse for de mekanismer der sker i kroppen, kan virke forløsende. Jeg ved hvor vigtigt det er at lytte til sig selv, og forstå sin krops signaler på overbelastning, for stress kan komme snigende. Måske i det små ved at man føler sig irritabel, har vejrtrækningsbesvær, lider af søvnløshed, ondt i maven, mangler overskud eller ved at man trækker sig fra sociale sammenhænge.

Jo længere tid det får lov at bide sig fast, jo sværere og længere tid tager det at finde balancen igen. Derfor er det vigtigt at være opmærksom på selv de små ting, og forebygge mental mistrivsel og stress med sunde positive tanker, motion og bevægelse, åndedrætsøvelser, meditation, afspænding, sund kost, naturen eller hvad der skal til for at skabe mental trivsel og sundhed.

Det er naturligvis lettere sagt end gjort, og er man allerede ramt af stress skal man søge hjælp. Stress skal tages alvorligt, ofte er det nødvendigt med professionel hjælp for at komme ud på den anden side. Men der er meget man kan gøre selv ved at være bevidst og passe på sig selv, og måske kan vi ved at erkende vores sårbarhed, styrke vores robusthed.

At mestre stress

Stress er en tilstand, hvor kroppen er i "en kæmp og flygt tilstand". En forsvarsmekanisme vi har helt tilbage fra vores forfædre, når vi blev mødt af farlige dyr på savannen. Kortvarig stress kan være sundt, hvorimod langvarig stress kan være årsag til en lang række symptomer og alvorlige sygdomme.

Når noget udløser en stressende tilstand i vores krop, aktiveres det sympatiske nervesystem, blodet forsvinder fra fordøjelsesorganerne for i stedet at gå over til muskler og hjerne, samtidig aktiveres en række hormoner, som udløser fysisk og mental energi, der sker en øget ilt- og glukose optagelse og blodet bliver tykkere (en tilsvarende fysiologisk virkning sker ved brug af the, kaffe, cigaretter og chokolade, da disse stoffer stimulerer frigivelse af adrenalin).

Dette kan være hensigtsmæssigt for en kort periode, når noget "faretruende" nu og her skal løses, men kan være farligt på lang sigt, hvis stresstilstanden bliver mere kronisk, da stresshormonerne på lang sigt kan have en skadelig virkning.

Kortvarig, positiv stress opstår når vi stilles overfor krav, der måske kan føles uoverkommelige eller udfordrende ift. hvad vi tror, vi kan klare, som f.eks. at skulle holde en tale, gå til eksamen, optræde, gå på date, klare en stor sportspræstation, starte et nyt job, møde nye mennesker osv. Negativ stress kan opstå efter mange kortvarige stressoplevelser, for mange udfordringer, for store krav, for lidt tid, et vedvarende pres på grænsen af, hvad man oplever at kunne klare, f.eks. at have flere bolde i luften, end vi kan overskue. Problemer vi ikke selv kan løse, alene følelse, krav vi ikke kan leve op til, når vi oplever at miste kontrol, når vi føler os magtesløse, når vi konstant udsættes for deadlines, som vi ikke når, når vi ikke kan overskue vores liv og/eller arbejde, når vi oplever skilsmisse, sorg, sygdom og / eller kroniske smerter. Det vil altid være individuelt, hvor stort et pres vi kan klare og hvor meget, der skal til, før vi bliver stressede.

Sidst kan "understress" opstå ved vedvarende tvungen passivitet, ledighed, sygdom osv. Resultatet af vedvarende stress kan være at fordøjelse, reparation og vedligeholdelse af kroppen stopper, balancen i skjoldbruskkirtlen forstyrres, stofskifte sænkes med vægtøgning som følge, insulinniveauet øges, fedt ophobes, kalciumbalance forstyrres og kan give led betændelse eller ubalance i kønshormoner, samt mangel på B og C vitaminer.

Konsekvensen på længere sigt kan være, at kroppens ældningsproces forøges, der opstår fordøjelsessygdomme, hormon ubalance, åreforkalkning, blodpropper, hjerteanfald, og i værste tilfælde depression og selvmordsforsøg.

Nogle af de mest almindelige fysiologiske symptomer på stress kan være:

Hjertebanken, brystsmerter, åndedrætsbesvær, hovedpine og træthed, svedudbrud, bleghed, nakkesmerter og spændingshovedpine, kvalme, svimmelhed, appetitløshed, svaghedsfølelse, rystelse, stikken og prikken, følelsesløshed, ondt i maven, diarre, menstruationsproblemer, svækkelse af immunforsvar, hyppige infektioner, evt. forværring af kroniske sygdomme

De psykologiske og adfærdsmæssige symptomer kan være:

Ulyst, træthed, irritation, aggressivitet, hukommelses- og koncentrationsbesvær, rastløshed og utålmodighed, bekymring, angst og uro, lavt selvværd, nedsat humoristisk sans, store humørsvingninger, mangler mening med livet, depression, søvnløshed, manglende overblik, ubeslutsom, uengageret, ineffektiv, isolerer sig, forsøger slippe udenom ansvar, mangler lyst til samarbejde og socialt samvær, manglende lyst til sex, øget brug af stimulanser, forstyrret spisemønster.

Årsager til stress kan være:

Årsager til stress kan være mange og nogle mennesker har nok lettere ved at få stress end andre. Stress kan udløses af arbejdsmæssige, fysiologiske, personlige, følelsesmæssige og psykologiske årsager og udløses ofte af flere ting på samme tid.

Psykologisk / følelsesmæssigt pres såsom:

Følelse af utilstrækkelighed, manglende selvværd, stor ansvarsfølelse, mangel på kontrol, sorg, ængstelse, ensomhed, dårligt arbejdsmiljø, tidspres og deadlines, at ville mere end hvad der er muligt, magtesløshed, sygdom, eller at være pårørende til en syg, frustration/vrede/fjendskab, når forventninger til omverden / andre ikke stemmer overens med egne forventninger og behov, perfektionisme og uløste traumer, når opgaver og ansvar ikke stemmer overens med ressourcer og kompetencer, frygt for ikke at være god nok, og ikke være værd at elske.

Fysiologisk / miljømæssigt pres såsom:

Indeklima, forurening, allergi/overfølsomhed, utilstrækkeligt dagslys, skifteholdsarbejde, ekstreme temperaturer, traumer/ulykker, blodsukkerintolerance, søvnmangel, ernæringsmæssige ubalancer, overdreven motion, langvarige infektioner samt kroniske smerter, sygdom eller langvarig inflammation.

Du kan evt. tage en stress test https://stresslaege.dk/stress-test/ på https://iform.dk/sundhed/stress/stress-test eller du kan teste dig selv for om, hvorvidt du er særligt sensitiv på https://sensitiv.dk/test-din-sensitivitet/

(Kilde: sundhed.dk, sundforskning.dk, videnskab.dk, sensitiv.dk)

Hvad kan man selv gøre

For at håndtere og forebygge stress, og styrke sin mentale sundhed, er det vigtigt at få skabt nogle gode vaner for den måde vi tænker, føler og handler på, og at få skabt en god balance ift. aktivitet / hvile.

Det parasympatiske nervesystem er det system, der aktiveres, når vi slapper af, hygger os, spiser eller sover og som sikrer at vores fordøjelse fungerer optimalt. Det er modpol til det sympatiske nervesystem, der aktiveres, når der er behov for at yde noget ekstra, og hvor kroppen er i øget alarmberedskab, altså i en stresstilstand.

Mindfulness, åndedrætsøvelser og yoga kan være med til at aktivere det parasympatiske nervesystem og bringe den ro og hvile, der er nødvendig for at skabe balance for at kunne mestre stress og mistrivsel. Der er flere videnskabelige forsøg, der viser hvordan både mindfulness og yoga kan berolige nervesystemet, stilne sindet og skabe ro i kroppen både fysisk og psykisk, også på lang sigt.

Få hjælp, hvis du mærker tegn på stress, så tal med din læge, få hjælp hos en dygtig behandler og/eller psykolog eller kom i et forløb, med andre stressramte. Der er masser af hjælp af få. Det er vigtigt at få arbejdet med dine stressfaktorer og at få bearbejdet det, der ligger forud for den stress, du føler, ligesom det er vigtigt at give kroppen ro til bare at være, møde ligesindede og få nogle værktøjer til at komme videre.

Få afklaret hvilke stresssymptomer du oplever at have? Hvordan oplever du symptomer på stress fysisk og adfærdsmæssigt? Hvad er det din krop fortæller dig? Hvordan kan du vide, når din krop "advarer dig"?

Bliv opmærksom på, hvad det er, der stresser dig? Brainstorm, skriv en lang liste over, hvad der stresser dig, og hvorfor det stresser dig. Er der noget arbejdsmæssigt og / eller personligt, du er nødt til at se på, skære fra, få hjælp til nu og her? Hvilke tanker og handlinger er med til at skabe den stress, du oplever?

Få skabt nogle få enkle virksomme teknikker / vaner både fysisk og psykisk, til at få genskabt mere ro og balance i dit liv.

Start med de ting der lige nu og her giver mest mening for dig, måske du kan lade dig inspirere af følgende råd:

- Start morgenen med at beslutte dig for max. 3 ting, som du gerne vil nå i løbet af dagen, og sæt tid af til dig selv, afslapning, gåture, træning, meditation mm., og hold dig derefter til planen.

- Tag evt. en timeout hver time, find din måde at koble fra på, inden du stresser dig op. Det kan være helt specifikt at sætte 45 min af til arbejde / gøremål for derefter at holde en pause på 15 min, før du igen genoptager opgaver. Brug pausen på noget, der gør dig godt.

- Vær til stede i nuet, træn dig selv til hele tiden at være til stede i det, du gør. Bare være, forsøg at undgå at bekymre dig om fremtiden, eller fortiden. Find en gratis mindfulnessmeditation eller afspændingsøvelse på nettet eller som app på din telefon, start evt. med en kropsscannings- eller åndedrætsmeditation og beslut dig for at lytte til den hver dag, øv dig i at lytte til dig selv og mærke din krop.

- Prøv yin yoga, en meget meditativ form for yoga der med sin blide tilgang til kroppen strækker bindevæv, skaber mobilitet, slipper spændinger, beroliger sindet og slipper de stresshormoner der oftest lagres i bindevævet. Du kan finde videoer på nettet, låne en bog eller finde en yoga- eller aftenskole, der udbyder hold.

- Vær god ved dig selv, forkæl dig selv med blomster, dufte, varme bade, oliemassage før bad, restorativ yoga, kærlighed / berøring, søg samvær og fællesskab, gå på cafe med en ven / veninde, lyt til afslappende musik, spis dejlig nærende mad, find en spændende bog / lydbog eller hvad der giver dig en følelse af selvomsorg.

- Lav en liste over alle de ting, steder og mennesker, der bringer dig glæde og energi og beslut dig for at gøre mindst 1-3 ting fra denne liste HVER DAG, de næste 14 dage.

- Kom ud i naturen hver dag, gå en tur i skoven, ved en sø eller ved havet, hvad som helst, nyd lyset, den friske duft af ilt og natur, nyd synet af solens refleksion i vandet, kram et træ, mærk vinden mod din krop og underlaget mod dine fødder.

- Sæt tid af til at være kreativ, male, tegne, sy, strikke, danse, synge, lave havearbejde eller hvad der skaber ro og fordybelse for dig

- Dyrk motion, gerne lange gåture, yoga, styrketræning, holdsport eller stille løbetræning uden at presse dig selv, find noget der gør dig glad, giver dig noget og som du kan magte.

- Opsøg alt hvad der kan bringe latter og grin ind i dit liv. Latter udløser endorfiner, og modvirker mange af de kemiske reaktioner som kroppen udsættes for under længerevarende stress.

- Gør noget andet end det du plejer, kom ud af vanen, ændr dine morgenritualer, kør en anden vej på arbejde / til købmand, gå en anden tur, end du plejer, spis noget andet til frokost, ring til nogen, du ikke har snakket med længe, prøv at beskæftige dig med noget andet end det, du plejer.

- Lav vejrtrækningsøvelser, træk vejret roligt ind på 5 og ud på 5 i nogle minutter, hold evt. en pause på 5 efter udånding og fortsæt, prøv én gang eller to om dagen og mærk forskellen.

- Hør musik du nyder, eller evt. new age / afslappende musik, musik med naturlyde, der findes masser af gratis musik på YouTube (søg evt. på relaxing music).

- Lav en taknemmelighedsdagbog, skriv mindst 3 ting du har at være taknemmelighed for, øv dig i at få øje på alt det, du har at være glad og taknemmelig for, og gerne når dagen er omme.

- Slip kontrollen og accepter det, der er lige nu. Det betyder ikke, at du slet ikke skal handle og gøre noget, men i stedet for at tænke, at noget skal være anderledes, kan det at erkende situationen som den er, gøre at det lettere slipper og løser sig.

- Pas dine sengetider, sørg for at ligge i din seng senest kl. 22.00 og stå op på samme tidspunkt hver dag, helst ikke før kl. 6.00 (så din krop og dit sind kan få lov at restituere sig). Undgå forstyrrelser fra TV, telefon, IPad mindst ½ time inden sengetid, undgå stimulanser fra koffein, sukker og alkohol i timerne inden sengetid. Sov i et mørkt og køligt rum. Lyt til noget roligt musik eller en søvn meditation (findes på nettet).

- Få lavet en plan for, hvor du skal sætte ind, hvad er vigtigst lige nu. Skriv alle dine frustrationer ned på et stykke papir, få løst dine udfordringer et skridt ad gangen. Søg hjælp til det, du ikke selv kan løse, et skridt ad gangen - få talt ud med din partner, dine børn, din kollega, din chef, fortæl, hvad der evt. nager dig, BED OM HJÆLP, uddeleger ansvar og opgaver til dine nærmeste.

Måske er der nogle helt andre ting, du har brug for at gøre, noget andet, du har mere glæde af at sætte fokus på. Lyt til dig selv og find den metode, der fungerer bedst for dig.

Tine Rytsel har i mere end 25 år arbejdet med kommunikation og undervisning af unge og voksne med psykiske og sociale udfordringer. Især stressramte, psykisk sårbare og særligt sensitive, med undervisning og samtaler i et samarbejde med jobcentre og socialforvaltninger.
Hun er uddannet yogalærer og mindfulnessinstruktør, samt uddannet indenfor NLP og coaching og har arbejdet som zoneterapeut, kost- og sundhedsvejleder.

Hun arbejder i dag primært med undervisning i hhv. yin yoga, sundhed og mental trivsel, og arbejder med udviklings- og marketingsopgaver på et kursuscenter.

META-sundhed og TFT
af Hanne Andersen

I mine mange års erfaring, som socialrådgiver, har jeg arbejdet med sygemeldte voksne og unge med psykosociale vanskeligheder, her gjorde jeg mig nogle erfaringer med, at der ALTID lå en forklaring bag disse ubalancer/sygdomme.

Jeg har arbejdet med narrative metoder i grupper, hvor folk har skrevet deres egen fortælling. Og de mange fortællinger, førte mig på sporet af, at den store overskrift hedder STRESS og, at der altid er en stresstilstand forud for sygdommes opståen.

Kroppen fejler ikke!

Så det er ikke pneumokokker, bakterier, pollen, sporer og virus, der gør os syge.
Alle disse har vi jo omgivet os med gennem tusindvis år. Vi mennesker er faktisk, evolutionært, udgået af en "suppe" af virus og bakterier. Så, hvis vi ikke kunne tåle det, ville vi slet ikke have været her.

Hvad er stress og hvordan påvirker stress dit helbred?

Man skelner mellem kortvarig og langvarig stress. Og man skelner mellem den fysiologiske og sociale stress.

- Stress er kroppens naturlige måde at redde os fra en akut fare.

Man ser, hører eller mærker faren og hjernens amygdala, sender besked til binyrerne om at producere stresshormonerne **Adrenalin og Kortisol.**

Hormonet **adrenalin** skærper vores opmærksomhed.

Synet og hørelsen skærpes og blodet føres ud i musklerne, så man bliver i stand til at flygte eller kæmpe. Når musklerne er konstant spændte, vil der blive et slid på knoglerne.

Blodtrykket stiger og man kan opleve hjertebanken.

Når man er opgraderet i musklerne, nedgraderes blodet til de indre organer og fordøjelsen hæmmes.

Når faren er drevet over, kommer **Kortisol** os til hjælp, og virker anti-inflammatorisk, hvis man har pådraget sig sår og lignende, under kampen.

Denne funktion er, fra naturens side helt genial, som en kortvarig indsættende virkning.

Men, hvis stressen står på i længere tid, vil de positive stressreaktioner vende sig mod dig og blive nedbrydende for immunforsvaret.

Fysiologisk stress

Vi mennesker kan sagtens tåle at have travlt og f.eks. arbejde meget. Og når arbejdet eller travlheden er slut, finder kroppen tilbage i en afslappet tilstand, hvor den regenererer.

Men hvis vi har travlt og samtidig har det, fordi vi ellers er bange for at blive udelukket fra "flokken", er der tale om **social stress**

Social stress

Vi mennesker har gennem evolutionen lært, at hvis vi er i risiko for at blive udelukket af vores FLOK, vil vores stressrespons være aktiv og tænde det sympatiske nervesystem.

Hjernens amygdala er hovedkontakten for vores sympatiske nervesystem og har kun tre muligheder: Flygt, kæmp eller frys.

Amygdala reagerer fortsat som da vi befandt os ude på sletten.

Hvis vi blev udelukket fra "flokken", var vi jo løvefoder.

Denne funktion er ikke slettet fra vores styresystem.

Vi kan i dag let føle, at vi bliver udelukket fra "flokken", vores familie.

- Bange for skilsmisse.

- Fyringsrunder eller omstruktureringer på arbejdspladsen.

- Bange for, ikke at klare en eksamen

- At blive udelukket fra fodboldholdet. osv., osv.

Ved social stress, der varer i længere tid, vil vores stresshormoner være opgraderet i en sådan grad, at de spændte muskler giver slid på knogler og led, samt f.eks. muskelinfiltrationer.
Det forhøjede blodtryk slider på blodkar og kan give hjerte/kar sygdomme
Den dårligere fordøjelse kan give mave/tarm problemer.

Binyrerne kan blive udmattede og opgradering af kortisol kan gøre os resistente overfor vores eget kortisol, så det ikke længere kan gøre sin virkning, når vi f.eks. får infektioner eller inflammationer.

Værktøjer

Ved stresshåndteringsforløb får klienten forskellige opgaver med sig hjem.

Herunder især, hvordan man ved daglig afspænding, kan få sit stressniveau ned.

For man kan ikke sætte ind med nye tiltag, så længe man er i en stresstilstand.

Dertil anvender jeg PNN-meditation, som er udviklet af Arvin Larsen på baggrund af nyere hjerneforskning. Meditationen er guidet og skal anvendes 2X 1/2 time daglig. Allerede efter 3-4 ugers daglig brug, vil klienten mærke ændring til det bedre. Forskning viser, at daglig meditation, foruden at sænke vore stresshormoner, udvikler vores hjerne og forbedrer vores immunforsvar.

Hvad er META-sundhed

Er udviklet af den tyske læge Ryke Hamer, som gennem mere end 30.000 klienthistorier så nogle sammenhænge mellem stress og en lang række sygdomme.

Han beskrev de lag i hjernen, som styrer de forskellige organer og hvilke psykologiske temaer, der er i spil i de enkelte hjernelag.

Han har beskrevet sine erfaringer i en manual, som er en årsags beskrivelse af stort set alle former for lidelser. Årsagerne skal ifølge Ryke Hamer findes i et traume/ chok/stresstilstand, den enkelte har oplevet forud for sygdommens opståen.

Han har også beskrevet, hvordan denne choktilstand, har sat sig som et mærke (en UDIN) på det sted i hjernen, (hjernelag), der har ansvaret for det pågældende organ og området på kroppen.

UDIN = **U**ventet – **D**ramatisk – **I**ndividuelt – **N**o strategi

Med META metoden vil man, sammen med klienten, finde netop det ubehag (UDIN), den enkelte måtte have været ude for, første gang, forud for sygdommens opståen. Herefter anvendes **SOFT** modellen til beskrivelse af:

Symptom, **O**rgan, **F**ase og **T**ema
Vi kan således bruge denne viden, når vi vil finde frem til årsagen til en opstået sygdom.
Finder vi den, sammen med klienten, vil vi kunne forløse det følelsesmæssige ubehag, som klienten oplever. Og når det sker, opløses ikke kun ubehaget, men kroppens egen selvhelbredelse sætter ind.

Hvad er TFT (tankefelt terapi)

Når vi har kortlagt årsagen med en META analyse, anvendes TFT, til at forløse ubehaget, så kroppen kan få lov at gøre sit.

Kroppen fejler ikke! Den responderer bare på det, der foregår i dit sind. TFT, som er i familie med akupunktur, bare uden nåle TFT er let tapping med fingrene på nøje udvalgte områder på hoved, krop og hænder, svarende til medianbanerne, mens klienten gennemlever de ubehagelige følelser, der var forbundet med ubehaget.

Kan man ikke finde traumet (UDIN), kan man sagtens arbejde med det ubehag, der er der lige nu og her og gennem spørgeteknik, stille spørgsmålet:

"Er det en følelse, du tidligere har haft?" Man måler ubehaget på en skala fra 0-10.

Hvad kan man afhjælpe med META-sundhed og TFT

Stort set alle ubehagelige tilstande kan have gavn af META-sundhedsanalyse og TFT. Jeg har gode erfaringer med, at både fysiske gener og f.eks. fobier og allergiske ubehag, kan afhjælpes.

Et eksempel: Her i en casestory:

Søren (opdigtet navn) kom for at få hjælp til sin høfeber, som han pludselig havde fået en dag, han var på vej hjem fra arbejde. Han kørte med åbent vindue i bilen og opdagede at en landmand høstede hø. Søren havde haft et mindre opgør med sin chef på arbejdet, hvor han følte, at hans kompetencer ikke var blevet tilgodeset og hvor han ikke blev bakket op af sine kolleger.

Ved samtalen spurgtes ind, om han nogensinde havde oplevet noget lignende. (UDIN) Søren huskede engang at have reageret voldsomt på græs. Det var da han gik i 2.klasse. Søren huskede, hvordan Store-Tommy fra 4 klasse, havde trynet ham ned i græsset på fodboldbanen og hvordan de andre drenge bare stod og grinede.

Den oplevelse, lille Søren havde, den gang i 2. klasse, havde sat sig i hans cellehukommelse og det var den, der blev trigget ved mødet med chefen og duften af nyslået græs.

Kan man ændre sin historie?

Ja! Hvis historien bliver ændret til, at Store-Tommy havde det svært i skolen og også derhjemme og, at hans manglende selvværd blev projiceret over på lille Søren, var det ikke fordi han ikke kunne lide Søren og, at Søren skulle kanøfles og ekskluderes. Og når de andre drenge grinede, var det ikke fordi, de ikke kunne lide lille Søren, men fordi de var bange for, selv at blive trynet af Store-Tommy.

Ved at ændre historien om Store-Tommy og "tappe" på det ubehag, han huskede fra dengang, forsvandt Sørens høfeber.

Ofte ser man, at TFT virker allerede efter første gang, men man må forvente 3-5 TFT - behandlinger med ca. en uges mellemrum, samtidig med, at man får sit stressniveau ned.

Hanne Andersen er uddannet socialrådgiver, eksamineret stresscoach og Certificeret META-
sundheds- og TFT-terapeut og har siden 2013, arbejdet som stresscoach. Se mere på
www.tankliv.dk

Med mange års erfaring som Socialrådgiver og Uddannelses- /Erhvervsvejleder i bagagen, har jeg
fundet det nødvendigt, at vi må ind tænke det HELE menneske, hvis det sociale arbejde skal nytte.

Mit arbejde har fortrinsvis været med unge med alvorlige psykiske og sociale vanskeligheder, men
også med sygemeldte voksne med både fysiske, psykiske og sociale belastninger.

Jeg fik selv, i 2012-13, en alvorlig diagnose med åreforkalkning især i højre ben, hvor
min gangdistance var helt nede på kun 50 m
En lidelse, som kaldtes fremadskridende og som kan medføre amputation.
Jeg opsøgte forskellige alternative behandlere og fandt en lægeklinik i Lyngby,
som arbejder med alternative metoder og som er selvbetalt, her fik jeg EDTA-behandling og
vejledning til livsstilsændring

I dag er jeg helt frikendt for åreforkalkning og helt fri for medicin. Jeg kan gå ligeså langt jeg vil,
danser zumba tre gange ugentlig og går til vandgymnastik 2 gange ugentlig

Bliv klogere på dig selv
Af Lone Rytsel

Balance

Et liv i balance
Et liv i harmoni
Et liv uden problemer

Ikke muligt

Vi lever og vi fejler
Vi lever og vi mister
Vi lever og vi vinder

Børn lærer at kravle og vælter
Børn lærer at gå og falder
Børn lærer at cykle og mister balancen
Men finder den igen

Hvorfor skulle vi så ikke fortsætte sådan?

Vi prøver noget nyt og kommer ud af balance
Vi prøver igen og finder balancen
Vi mister balancen og prøver igen
Vi bliver bedre til at balancere
Med lidt held og hårdt arbejde, lever vi i balance

Lær dig selv at kende

Find ud af, hvem du er og lær dig selv at kende.
Få et lettere liv.
Vær ikke bange for, hvad du finder ud af.
Du får helt sikkert et lettere liv.

Sådan lærer du dig selv af kende - En lille øvelse

Sæt dig med en lille lækker notesbog eller din computer og så svar på følgende spørgsmål. Intuitivt, uden at tænke så meget over, hvad du skriver. Øvelsen kan gentages mange gange, og hver gang, bliver du klogere på dig selv.

Hvor hører du hjemme?
Hvor gammel er du?
Hvor ser du dig selv om 5 år?

Hvad holder du af?
Hvad tænker du?
Hvad drømmer du om?

Hvem omgås du?
Hvem er din familie?
Hvem er dine venner?

Hvor boede du som barn?
Hvor gik du i skole?
Hvor bor du i dag?

Hvordan klarer du ubehagelige oplevelser?
Hvordan løser du økonomiske udfordringer?
Hvordan forestiller du dig livet som pensionist?

Hvis du vinder en million i lotto, hvad vil du så gøre?
Hvis du kunne leve dit liv om, hvad ville du så ændre på?
Hvis livet kunne være anderledes lige nu, hvad skulle det så være?

Hvem er du egentlig?

Min livsrejse

Livet har lært mig så meget, som jeg gerne vil give videre til andre. Min rejse har været fantastisk, men naturligvis ikke uden sygdomme og udfordringer, men jeg lærte hurtigt, at min rejse kræver handlinger fra min side.

Først og fremmest lærte jeg, at jeg kunne skrive mig ud af mange problemer og negative og destruktive tanker. Senere lærte jeg, at ord også har den effekt, hvis jeg fandt nogle gode ligesindede at tale med, og så var der mange gode bøger, der fik mig til at tænke og handle anderledes, så da jeg blev i stand til det, begyndte jeg at skrive bøger til selvudvikling. Men for mig var det også vigtigt at bruge fantasi og forestillinger, når jeg behøvede at handle.

Det blev blandt andet til "Skrivning, der forløser", som fortæller lidt om min opvækst og "Visualisering", hvor jeg fortæller om "Mine små soldater".

Mit liv har også lært mig, at jeg har en vis del af selvbestemmelse, selv om jeg ikke altid var klar over det, og det har jeg skrevet lidt om i "Du har altid et valg". Det kan nogle gange godt føles som en umulighed, men ved at øve sig i det, kan man manipulere sig til at til at tro på, at vi selv har valgt det, vi gør, og det betyder så, at vi kan vælge noget andet, hvis vi ønsker det.

Og så har jeg i mange år forstået, at "Fokus" er et utroligt vigtigt ord, som kan bruges i mange situationer. Hvis vi har hovedpine og fokuserer på den, bliver den værre og kan næsten blive til selvmedlidenhed, men hvis vi prøver at finde ud af, hvorfor vi har fået hovedpine, og hvad vi kan bruge en pause eller en halv time på sofaen til, eller måske en aflysning af en familiekomsammen, kan vi opleve, at det føles som om hovedpinen er forsvundet.

Det vigtigste mantra i mit lange fantastiske liv har været "Lev livet fuldt ud", og det vil jeg gerne give videre til læserne af denne bog. Min livsrejse er min egen, og jeg har selv været med til at bestemme den uanset udefrakommende begivenheder. Håber din livsrejse kan blive lige så god, om end sikkert helt anderledes end min.

Efter at have levet i så mange år, har jeg opdaget, hvor meget livet har ændret sig og er blevet til et "Tag selv-bord", som der måske er ved at komme en modvægt til. Blandt andet Slow-living eller at øve os i at "nøjes med". Måske en ide til eftertanke.

Og sidste år har jeg lært en ny skriveteknik, som jeg elsker, og som hjælper mig til at blive forløst for mange udfordringer. "Skriv 100 ord", som jeg lærte i en Coronatid og brugte til min seneste udgivelse: "Opmuntring i en krisetid". Men som også fik mig til at komme godt ud af 40 års liv i min egen virksomhed, da jeg forlod den for at skabe et nyt og anderledes arbejdsliv i mit lille skriv: "Fra afhængighed til frihed".

Øvelse på " at handle."

Hvis du vil opnå noget, skal du finde ud af, hvad du virkelig ønsker og tænk grundigt over, om du faktisk ønsker det og hvilke konsekvenser, det kan have at opnå det.

Måske vil du gerne flytte fra byen til landet, eller omvendt, men hvad vil det betyde for din samlever, der så skal skifte arbejde og dine børn institutioner og skole.

Når du er helt sikket på, hvad du ønsker, så skal du handle. Ellers sker der ikke noget.

Måske skal du finde stedet, hvor du gerne vi bo, og hvilke muligheder, der er for også at flytte dit arbejde med familien. Så skal du sikkert også snakke med banken og begynde at kontakte ejendomsmæglere og skrive jobansøgninger og meget mere.

Nogle gange bliver opgaverne så overvældende, at du måske vælger en mellemløsning med et sommerhus og mulighed for weekendophold.

Jeg ved ikke, hvordan du har det, men jeg har brug for at skrive det ned, som jeg skal arbejde med. Andre har brug for at tale om det, eller se det for sig, når det formodentlig er blevet virkelighed. Brug den metode, der passer dig.

- Hvad har du, som du ønsker og gerne vil opnå?

- Hvad er konsekvenserne? Både de positive og de negative.

- Hvilke handlinger skal der til?

- Hvornår skal det være?

- Hvilke andre muligheder kunne der være? Vær sikker på, at du har tænkt det godt igennem.

Øvelse på "Du har altid et valg."

Jeg påstår, at vi altid har et valg. Det kan godt være, at det ikke ser sådan ud, men hvis vi tænker nærmere over det, er der faktisk mange muligheder, vi ikke altid giver os selv lov til at vælge.

Måske er du meget lidt interesseret i at deltage i større arrangementer, men din samlever eller dine arbejdskollegaer, vil gerne have dig med.

Hvad gør du?

- Siger ja, for de andres skyld og lider hele aftenen?

Måske oplever du at blive lidt overrumplet og kommer til at sige ja, selv om du mener nej.

- Siger nej, og kommer med forskellige forblommede undskyldninger?

Sig hellere, det lyder dejligt, men lad mig lige se i min kalender, så har du til til at fortælle, at du ikke kan, fordi du skal noget andet eller måske helst, at du ikke kan, fordi større arrangementer ikke lige er dig.

Det kan være svært at tage det valg, men du vil sikkert opleve, at det ikke er verdens undergang.

- Hvornår har du sidst, tænkt: "Jeg har ikke lyst, men kan ikke være det bekendt"?

- Hvad ville der ske, hvis du gjorde det?

- Måske var der en anden vej?

Øvelse på "Fokus"

Fokus er et fantastisk ord. Det kan bruges i så mange sammenhænge.

Når vi er nyforelskede, har vi fokus på kærligheden og den andens fantastiske egenskaber. Når vi oplever det første skænderi, har vi fokus på den andens fejl og mangler.

Hvis vi bor i nærheden af en støjende motorvej, fokuserer vi måske så meget på støjen, at vi ikke kan holde ud at være der.

Men hvad nu, hvis vi fokuserede på den smukke natur, de grønne buske med smukke blomster, æbletræerne, kirsebærtræet, solbærbusken og de kvidrende fugle. Måske lagde vi så slet ikke mærke til støjen fra motorvejen.

Mange mænd, men sikkert også kvinder synes, de andre bilister er irriterende, hvad enten de kører for langsomt eller for hurtigt. Det kan faktisk være ret anstrengende og stressende at have det sådan.

Hvordan ville det være, at tænde for radioen, høre en god udsendelse eller lidt god musik, og lade de andre bilister gøre, hvad de nu en gang gør?

Fokus på noget rart er meget afstressende, og det har de fleste af os brug for.

- Hvad har du fokus på, der er negativt for dig?
- Hvordan vil det være at fokusere på noget andet positivt?

Øvelse på "Lev livet fuldt ud"

Meget er usikkert i vores tidsalder. Vi har haft og får åbenbart igen Corona epidemier, selv om de får andre navne, og så er der krige rundt i verden, og der er økonomiske kriser, og vi kan måske ikke overskue, hvad det ender med, og vi kan ikke selv være i stand til at handle. Det bliver en slags magtesløshed, som kan give os mistrivsel, og hvordan kan vi så handle på det?

Der er en ting, der er helt sikkert. Vi bliver født og en dag er det slut. Vi ved ikke, hvornår, så vi behøver måske ikke bekymre os om det. Jeg tror ikke, bekymringer kan bruges til noget.

Vi skal leve livet.

Vi skal tænke på, at vi ikke vil sidde som 100-årig og sige: "Bare jeg havde gjort det, jeg havde lyst til, men ikke turde".

Vi skal leve, vi skal vælge og måske vælger vi forkert, men så kan vi vælge en anden vej, og vi skal være modige uden at være dumdristige. Vi skal nyde livet så meget, vi kan. Vi skal synge og danse. Vi skal læse og skrive. Vi skal elske og risikere at miste.

- Hvad ville du gøre, hvis du ønsker at ville leve livet fuldt ud?

Tænk på det, som om alt er muligt. Du kan altid senere reducere dine ønsker.
Hvis det er en jordomrejse, og det ikke er en mulighed, så måske noget lidt mindre, der kan vise sig at være endnu bedre.

Men vær også opmærksom på, at du virkelig ønsker det liv, du vil leve.

Et liv i overhalingsbanen for at tjene en høj månedsløn, så dine drømme kan gå i opfyldelse, kan også have nogle konsekvenser. Stress, angst, sygdom og tidlig død.

Så " Leve livet fuldt ud", kan godt betyde, at du alligevel beslutter dig for ikke at ville have hele "tagselvbordet", men nøjes med lidt mindre.

Øvelse i at skrive "100 ord"

Prøv at sætte dig ned et fredeligt sted, hvor du ikke bliver afbrudt af noget. Find en lille fin notesbog og en god kuglepen eller blyant, hvad du bedst skriver med.

Der sker noget, når du skriver i hånden i modsætning til telefon eller computer.

Skriv 10 minutter. Sæt æggeuret eller telefonen.

- Tag et af ordene, og skriv, hvad du kommer til at tænke på. Du skal ikke tænke så meget, bare skriv, ganske intuitivt.

Al begyndelse er svær, så vær ikke bange for at prøve igen, hvis du ikke synes om det, du skriver, men det handler det heller ikke om. Det er bare vigtigt, at du får skrevet noget, som efter min mening helt sikkert forløse noget for dig.

Måske skal du vælge en tid på dagen - hver dag - hvis det er muligt. Kun et skriv om dagen. Efter 3 dage, tæller du op, hvor mange ord, du skriver på 10 minutter. Måske skal du have mindre tid eller mere tid.

Når du har skrevet 6-10 tekster, er jeg sikker på, at du oplever, der kommer noget på papiret, som du ikke vidste, du ville skrive.

- Måske vil kuglepenne, blyanten, papiret fortælle dig noget?

Her får du 10 ord, og når du har arbejdet med dem, finder du selv nogle andre. Du kan tage en bog eller en avis, sætte fingeren et eller andet sted og skriv om det ord, du peger på.

- Fantasi
- Kærlighed
- Fokus
- Valg
- Handling
- Livsglæde
- Energi
- Samvittighed
- Forståelse
- Tilgivelse

Livet - fuld af muligheder

En lille skriveopgave

Lær dig selv bedre at kende
Løs dine problemer
Nyd at skrive
Nyd nuet
Nyd livet

FOKUS
Fokuser på det, der virker godt
Fokuser på det, der er positivt
Fokuser på det, der giver energi

VALG
Vælg det, du ønsker dig
Vælg ikke det, du ikke ønsker
Vælg det, der er godt for dig selv

LEV LIVET
Lev livet, som du har lyst til
Vær modig
Vær energisk
Kast dig ud i livet
Drøm og ønsk
Find det du ønsker, der er vigtigt for dig

HANDLING
Gør noget
Gør meget
Gør det nu

Hvad har jeg så gjort?

Jeg er en gammel kone på 77 år, som bor sammen med min mand i en lille landsby i Sydsjælland. Jeg har altid levet efter mottoet "At leve livet fuldt ud". Ikke bange for at prøve noget nyt. Ikke bange for at opgive noget for at prøve noget nyt. Opgivet gymnasiet efter et år, men vender tilbage og gennemfører HF og fortsætter på Universitetet, da jeg var i begyndelsen af 30´rne. Opretter selvstændig virksomhed med voksenundervisning og mit eget lille mikroforlag. Alt sammen, fordi jeg fokuserer på det, jeg ønsker, handler på mine ønsker og ved, at jeg altid har et valg. Jeg kan vælge at acceptere virkeligheden, eller jeg kan vælge at gøre noget ved det, hvis det er muligt. Ikke alt lykkes, men jeg lærer af mine fejltagelser. Og det er ikke så dårligt endda.

Lone Rytsel er bl.a. uddannet sundhedspædagog, Life coach, voksenunderviser. Hun arbejder som forfatter og skoleleder og har mere end 40 års erfaring med psykisk belastede voksne, der forventedes at kunne vende tilbage til arbejdslivet efter længere tids sygdom. Hun har i den forbindelse arbejdet med forebyggelse og ændre tankesæt til at acceptere virkeligheden, og tænke anderledes, så det blev muligt at leve med den.

Hun driver en aftenskole i Sandvig, Sydsjælland, samt eget bogforlag og har i mange år skrevet bøger til danskundervisningen for voksne ordblinde og indvandrere. Samt læse-let bøger til uvante læsere, bøger om selvudvikling og små bøger i prosalyrik. P.t. skriver jeg på mine memoirer og en lille bog om "Landsbytosser".

Mange af hendes bøger kan ses på www.sandvig-folkeoplysning.dk. Samt www.bogforlaget-sandvig.dk

Efterskrift

> *Livet er meget simpelt. Men vi har altid insisteret på at gøre det kompliceret.*
>
> Citat: Confucius

Jeg ved ikke, om han har ret, men vi er 8 kvinder, der har givet vores bud på at gøre livet lidt lettere, eller bedre at overkomme, når det føles svært.

Flere emner til genkendelse og flere gode ideer til inspiration.

Tak til de medvirkende forfattere.